VENTE DU MARDI 23 MARS 1897

HOTEL DROUOT, SALLE N° 9

A DEUX HEURES ET DEMIE

TABLEAUX

ANCIENS ET MODERNES

EXPOSITION PUBLIQUE

Le Lundi 22 Mars 1897

De 1 heure à 5 heures 1/2

COMMISSAIRE-PRISEUR	EXPERTS
Mᵉ Octave NOTTIN	**MM. FÉRAL,** Père et Fils
Rue Saint-Georges, 6	*Faubourg Montmartre, 54*

PARIS — 1897

IMPRIMERIE MAULDE ET RENOU

———

MAULDE, DOUMENC & Cie
IMPRIMEURS DE LA COMPAGNIE DES COMMISSAIRES-PRISEURS
Rue de Rivoli, 144

CATALOGUE

DE

TABLEAUX

Anciens et Modernes

DÉPENDANT DE LA COLLECTION DE M. C...

Parmi lesquels on remarquera dans les Écoles anciennes

Une intéressante composition attribuée à REMBRANDT

ET AUTRES ŒUVRES DE

**F. Bol, J. Both, Géricault, Van Goyen, Héda, Maas
Molenaer, Ruysdaël, Schutz, Vlieger, etc.**

DANS L'ÉCOLE MODERNE

**. Belly, Bonington, Chintreuil, Hervier
Isabey, Jules Lefebvre, Luminais, Monticelli, Muller
Ribot, Rossi, etc.**

DONT LA VENTE AURA LIEU

HOTEL DROUOT, SALLE N° 9

Le Mardi 23 Mars 1897, à 2 heures 1/2

COMMISSAIRE-PRISEUR	EXPERTS
Me Octave NOTTIN	**MM. FÉRAL**, Père et Fils
Rue Saint-Georges, 6	*Faubourg Montmartre, 54*

CHEZ LESQUELS SE TROUVE LE PRÉSENT CATALOGUE

EXPOSITION PUBLIQUE

Le Lundi 22 Mars 1897, de 1 heure à 5 heures 1/2

PARIS — 1897

CONDITIONS DE LA VENTE

—

Elle se fera au comptant.

Les Acquéreurs auront à payer CINQ POUR CENT en sus du prix d'adjudication.

MAULDE. DOUMENC et Cie, imp. de la Cie des Commissaires-Priseurs, rue de Rivoli, 144   800—65064

DÉSIGNATION

TABLEAUX ANCIENS

BOL (Ferdinand)

1 -- Portrait de Femme vue en buste.

> Robe jaune légèrement décolletée, collier de perles et fichu de mousseline sur la tête.
> Belle peinture d'un ton chaud et d'une exécution large.

BOTH (Jean)

2 — Rochers et Cours d'eau traversé par un pont de bois.

GÉRICAULT

3 — Intérieur d'Écurie.

> Esquisse.

GOYEN (Jan Van)

4 — Paysage hollandais.

Ciel gris, monticules boisés. Au centre, un villageois; sur le devant une charrue.
Joli paysage, d'un ton chaud et lumineux.

GOYEN (Jan Van)

5 — Paysage accidenté.

Au centre, un chemin creux; à gauche, une barrière. Sur la droite, deux villageois montés sur un talus. Dans le fond des chaumières.

GOYEN (Attribué à Jan Van)

6 — Vue de Hollande.

A droite, des moissonneurs au repos; au centre, une petite chapelle et un arbre dont le feuillage se détache sur un ciel nuageux.

HÉDA (W. Klas)

7 — Objets divers.

Un vidrecome, un cédra entamé, des grenades et autres objets posés sur une table.
Très bon tableau d'une exécution remarquable et d'une conservation parfaite.
Signé de Heem et daté à gauche.

KOBELL (Le Vieux)

8 — Vaches au repos auprès d'une arbre brisé.

MAAS (Attribué à NICOLAS)

9 — Portrait d'Homme.

> En buste, robe de chambre à ramages et cravate de guîpure nouée sous le menton.

MOLENAER

10 — Intérieur de Tabagie.

> Deux fumeurs assis devant un tabouret où ils ont posé leur tabac et un verre de bière.
> Charmant petit tableau, d'une extrême finesse, digne d'Adrien OSTADE.

OSTADE (ISAAC)

11 — Le Chirurgien de village.

PETERS (BONAVENTURE)

12 — Mer houleuse avec bateaux à voiles.

REMBRANDT (Attribué à)

13 — L'Enlèvement d'Europe.

> Ce curieux et intéressant tableau qui nous paraît être de la première manière de Rembrandt et qui en tout état de cause doit sortir de son

atelier, porte dans le coin à droite la signature du maître et la date 1632.

Il est peint sur toile et mesure de hauteur 94 cent. et de largeur 1 m. 20 cent.

Le même sujet, mais de plus petit format, faisait partie de la collection du duc de Morny, il se trouve ainsi décrit dans le catalogue de cette vente faite en 1865, n° 70 REMBRANDT (Van Ryn, Paul). *L'Enlèvement d'Europe.*

« Europe est à demi-couchée sur le taureau ravisseur qui fend les eaux et gagne le large, elle saisit de la main droite l'une des cornes et de la gauche elle s'attache au cuir du cou.

« Sur la plage ses femmes et le conducteur de son char restent stupéfaits ou épouvantés. La mer occupe la droite du tableau, à gauche, la plage s'élève en forme de monticule et est couronnée d'arbres. Dans le fond se découvre une ville. Bois : Haut. 0^m60 ; Larg. 0^m77. »

RUYSDAEL (Attribué à SALOMON)

14 — Bords de rivière, en Hollande.

Un bac chargé de bestiaux et de villageois. Des massifs de verdure bordent la rivière sur la gauche.

Bon tableau, qui paraît être de la première manière de l'artiste.

SCHUT (CORNELIS)

15 — Composition allégorique.

Belle esquisse dans le sentiment de Rubens.

SNAYERS

16 — Attaque de cavaliers dans un chemin creux.

Bonne peinture sur bois.

TENIERS (David le Père)

17 — Pastorale.

Un berger et une bergère gardent des vaches et des moutons au repos près d'une mare, où des canards prennent leurs ébats.

TENIERS (D'après D.)

18 — Les Chanteurs ambulants.

TERBURG (Attribué à Gérard)

19 — Portrait d'Homme.

Vu à mi-corps, vêtu de noir avec collerette bordée de guipure.

VÉLASQUEZ (Genre de)

20 — Portrait d'Homme en buste.

VLIEGER (Attribué à Simon de)

21 — Mer houleuse.

Ciel nuageux. Plusieurs bateaux de pêche chassés par le vent, gagnent un port que l'on aperçoit sur la gauche. Très belle peinture.

ÉCOLE ANGLAISE

22 — Vieilles Maisons au bord d'un cours d'eau.

ÉCOLE ANGLAISE

23 — Mendiants : l'un vu de face, l'autre vu de dos.

> Deux pendants.

ÉCOLE FRANÇAISE

24 — Bords de Rivière.

> Effet de soleil couchant. Belle peinture, d'un remarquable effet de lumière.

ÉCOLE HOLLANDAISE

25 — Paysanne allant au marché.

TABLEAUX MODERNES

—

BELLY (L.)

26 — Environs de Fontainebleau.

> Étude.

BONINGTON (R.-P.)

27 — Personnage religieux.

Esquisse.

BONINGTON (R.-P.)

28 —. Un Canal à Venise.

Esquisse.

CHARLET

29 — Un Factionnaire.

CHINTREUIL

30 — La Plaine de Barbizon.

Signé à droite.

CHINTREUIL

31 — Paysage des environs de Paris.

Signé à gauche.

COROT

32 — Arbres et Chaumières au bord d'un cours d'eau.

Étude provenant de la vente Corot.

COROT (Attribué à)

33 — Cours d'eau sous bois.

Esquisse.

DAUBIGNY (Attribué à)

34 — Cours d'eau sous bois.

DAUBIGNY (Genre de)

35 — Paysage. Effet de soleil couchant.

DELACROIX (Attribué à Eugène)

36 — Portrait présumé de Eugène Delacroix.
> Esquisse.

DELACROIX (Genre de)

37 — Le Martyre d'un Saint.
> Esquisse.

GARRIDO

38 — Jeune Fille en buste.
> Esquisse.

HENNER (D'après)

39 — Jeune Fille, vue de profil.

HERVIER

40 — Cours d'Eau à l'entrée d'un village.

ISABEY (Eugène)

41 — Jeune Femme debout.
> Belle esquisse, d'après Van Dyck.

JONGKIND (Attribué à)

42 — Bateaux amarrés au bord d'un quai planté
de grands arbres.

LEFEBVRE (Jules)

43 — Diane au milieu de ses nymphes.

>Esquisse du tableau qui a figuré au Salon des Champs-Élysées.

LUMINAIS

44 — Paysan à l'affût, dans un bois.

>Esquisse.

MONTICELLI

45 — Nymphe debout.

>Elle est nue jusqu'à la ceinture, les bras appuyés sur un tertre.

MULLER (Charles-Louis)

46 — Épisode du massacre des Innocents.

>Vigoureuse esquisse, signée et datée 1840.

RIBOT

47 — Le petit Cuisinier.

>Esquisse.

ROSSI

48 — Jeune Femme debout regardant un tableau.

ROUSSEAU (Philippe)

49 — Oiseau pendu par les pattes.

TROYON (Attribué à)

50 — Berger et moutons à l'entrée d'un bois.

>Esquisse.

TROYON (Attribué à)

51 — Vache à l'étable.

Esquisse.

* TROYON (Attribué à)

52 — Chemin sous bois.

Esquisse.

TROYON (Attribué à)

53 — Jeux d'Enfants.

Petite esquisse.

TROYON (Attribué à

54 — Étude d'Hommes.

Esquisse.

VOLLON

55 — Objets de Cuisine posés dans un cellier.

VOLLON

56 — Église de village entourée de maisons.

Au premier plan, une Paysanne ramasse des herbes. Signé à droite.

ÉCOLE MODERNE

57 — Femme et Enfant dans un intérieur rustique.

ÉCOLE MODERNE

58 — Les Moissonneurs.

Esquisse.

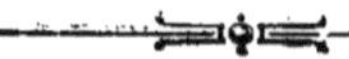